WORD SEARCH
FOR KIDS AGES 4-8

ISBN-13 : 979-8723039254

INSTRUCTIONS

Find the following words in the puzzle. Words are hidden

→ ← ↑ ↓ ↘ and ↗.

D B E D R O O M M H
F G P O H F Y U S O
T D I A S U L T M S
P R S P I O G A S P
R S A Q V H R E R I
E D F V A K T L W T
G F R T E I B T H A
I I T Q T K L Y J B L
T P T U N O C O C K

Word List

BEDROOM   MARKET

COCONUT   TRAVEL

HOSPITAL   TIGER

ANIMALS
WORD SEARCH

```
W K H J P O I H C V
E L E P H A N T O D
S L R T R Y D M C C
R N A E E O K B K V
E C A K G C P K N Q
E G N K U I E L S O
D O I D E E T Z B M
M P N P B X D X L P
S N P J P Q A F W Z
```

Word List

BEE ELEPHANT
CAT MONKEY
DOG PIG
DUCK SNAKE
DEER TIGER

```
S T A R F I S H J O
D R A O B F R U S P
S W I M S U I T T J
S A I L I N G M Q K
D K L Q L H X E W F
V N Y D A A T L T D
B O A T N I B T Q C
P N G S K W Y J B W
X G Q W F T R P H W
```

Word List

BALL	SAND
BOAT	SKY
HAT	STARFISH
KITE	SWIMSUIT
SAILING	SURFBOARD

BREAKFAST
WORD SEARCH

```
S T I U C S I B P F
N S C Y O G U R T V
I W E Y N T G C M P
F A R K G O O D T K
F F E D A F C S M I
U F A A F C A A T H
M L L E Z O N N B L
R E E R T N M A P G
R S Y B T L K X P F
```

Word List

BACON   MUFFINS

BISCUITS   PANCAKES

BREAD   TOAST

CEREAL   WAFFLES

COFFEE   YOGURT

BEDROOM
WORD SEARCH

```
D N A T S T H G I N
C U R T A I N S R R
R D K B K T M P T D
I E L C E I I D K T
A B O S R L U L J R
H L O R L V A W Y Q
C L O O E M T G Q Y
C R W T P K R Y P Y
D T Q Y O P Q U L A
```

Word List

BED

CHAIR

CLOCK

CLOSET

CURTAINS

DUVET

LAMP

MIRROR

NIGHTSTAND

PILLOW

CAREERS
WORD SEARCH

```
R J A N I T O R R M
E R E K A B A E J R
E F K Y E U M V O D
N Y E S T R V T R O
I S R H A B I J E C
G U O F C D Y N L T
N R P C E Z T Y L O
E T S I T N E D T R
Z V D G S O B X Q B
```

Word List

AUTHOR   EDITOR
BAKER   ENGINEER
CHEF   FARMER
DENTIST   JANITOR
DOCTOR   NURSE

5

CHRISTMAS
WORD SEARCH

```
F R U I T C A K E L
G H P E S O J N X J
O S Y Y T D S Q C P
N A K R V N D A S N
G N D A O R N U S C
G T D W T D S L X W
E A M O L E L V R X
M A Y E J E S Z T D
N S S M B D M L P H
```

Word List

BELLS JOSEPH
CANDLES SANTA
EGGNOG SKATES
FRUITCAKE SNOWMAN
JESUS TOYS

6

COLORS
WORD SEARCH

Brown

R E V L I S Y J B L
D O T D Q D N L R V
P U R P L E U P D C
B N L A E E Y Q D T
L W R R N A D P T U
A O G E R G I Y K P
C R L G D N E T L F
K B Y P K J N R N G
I U O W N E P D E H

Word List

~~BLACK~~   ORANGE
BLUE   ~~PINK~~
BROWN   PURPLE
GRAY   ~~RED~~
GREEN   SILVER

7

COMPUTER
WORD SEARCH

K D R A O B Y E K V
R R Z Z M B R F I L
O D O O L A B R M P
W B U T W D E T B V
T S D D I D B G Y D
E B R C L N A K K M
N A P O M M O N O C
H U F R E Y N M R W
F I L E Y I C O N N

Word List

CPU   ICON
FILE   KEYBOARD
FOLDER   MONITOR
GAME   MOUSE
HARDWARE   NETWORK

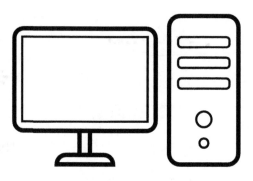

CHOCOLATE
WORD SEARCH

```
S E L F F U R T S Y
B K M A E R C E C I
R L J G N S I Y D D
R I S T N K U E T C
K M X K O I S G O Y
D A Y O N S D C A K
V R C L E I O D L R
G A L R K A R I U V
P C T Y M N M D G P
```

Word List

CARAMILK   ICE CREAM

COCOA   MILK

COOKIES   PUDDING

DESSERT   SUGAR

DRINKS   TRUFFLES

9

CLOTHING
WORD SEARCH

```
X C R S J A C K E T
J O D R S X N K N W
J A W B V E Q N M Z
J T K M L T R I K S
T E V S S O S D T H
R V A U T C U E T O
I M I N A R K S L R
H T G R S C O D E T
S M F R A R P H L S
```

Word List

BLOUSE   SHIRT

COAT   SHORTS

DRESS   SKIRT

JACKET   SCARF

JEANS   SUIT

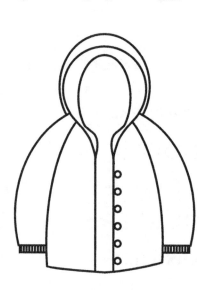

CONSTRUCTION
WORD SEARCH

```
B R O L L E R Q D C
A R N M O V W I X O
C R M R M A G D E S
K T O Y E G D N L P
H N D T E P A E T L
O E R R C R M R R I
E M I M C A U U M J
M E L D W C R J D K
V C L M K Q Y T Y U
```

Word List

BACKHOE   DUMPER

CRANE   LOADER

CEMENT   ROLLER

DIGGER   TRUCK

DRILL   TRACTOR

COUNTRIES
WORD SEARCH

```
Z B D L I Z A R B P
L C A N A D A J E O
D E N M A R K C V D
L R T I C L N K Y N
N D U H A A E A R T
A D I S R P W C X H
P N P F S R S Y I A
A J M Z O I T G B Q
J M G N K N A B D W
```

Word List

BRAZIL   ICELAND

CHINA   JAPAN

CANADA   NORWAY

DENMARK   RUSSIA

FRANCE   SPAIN

DESSERTS
WORD SEARCH

```
T L E Z T E R P N X
E O E R Y M P O Y H
I L J S P L R I T K
P L S Q S A L R E I
E I G U C U I E T O
L P Z A N F O U J M
P O M Q L D N M X N
P P T E N O A T L S
A X K K D L J E Y A
```

Word List

APPLEPIE   MOUSSE

DONUT   PIE

JELLY   PRETZEL

LOLLIPOP   SUNDAE

MACARON   TRIFLE

13

DRAWING
WORD SEARCH

D D C K K E J D T W

R R N A R L A W L D

E I A A N V A I J V

L N S W I V C H M C

U E O N I N A P C X

R L C Y E N A S M L

Y I B P A P G Q N P

N Y T B E R J T W W

M R R R T Y C D G Q

Word List

CANVAS

CHALK

CRAYON

DRAWING

DAVINCI

ERASER

INK

PENCIL

RULER

PAPER

DENTAL OFFICE
WORD SEARCH

```
R O R R I M T D D D
T E M N F D Z X T S
S W Z B R L N M L V
P Y E I R H O V Y N
E E L E T A X S L S
C L Z E Z I C T S P
R L E U G E N E Y F
O T N U A X R A S W
F Y M V K G Q S S Q
```

Word List

BRACES GUM

DRILL   MIRROR

FLOSS   SANITIZER

FORCEPS TWEEZERS

GAUZE   TEETH

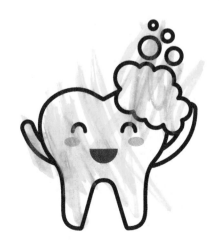

15

DRINKS
WORD SEARCH

L X I M C A D Y D Z
E I Q S K O E N I W
M N A D P K L B R G
O R O T S E Q A R B
N V E I K K P J K D
A N H E L C S O D A
D W J I B K O W D D
E R M Z V V V C P N
Q F P X U B T Y A L

Word List

BEER   PEPSI

COLA   SODA

COCKTAIL   WHISKEY

LEMONADE   WINE

MILK   VODKA

DOGS
WORD SEARCH

```
S A M O Y E D E V W
Y G X P I K S Y M R
T L O L O E S A W T
M E L D N O S U B V
D O R I L T D E H X
C I K R I L A L M G
Y E N F I G U Q E K
P Y F G L E Q B G D
N T K E O V R B L A
```

Word List

BEAGLE   MASTIFF

BULLDOG   PEKINESE

COLLIE   POODLE

DINGO   SAMOYED

HUSKY   TERRIER

DAYS & MONTHS
WORD SEARCH

```
S A T U R D A Y D T
Y F N H C R A M H V
A R E T D D A U Y G
D I B B N P R R M D
S D Y U R S A O L G
E A S I D U N V X L
U Y L A N D A N L P
T X Y A A L J R M T
Y D J Y B J Y R Y M
```

Word List

MONDAY   SUNDAY

TUESDAY   JANUARY

THURSDAY   FEBRUARY

FRIDAY   MARCH

SATURDAY   APRIL

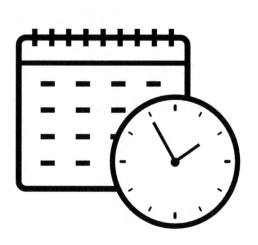

FAMILY
WORD SEARCH

```
N B N I S U O C H D
E N R G N T N U A F
R E Z O V I S R R L
D P R Y T B E E L P
L H Z E A H H C R A
I E D N T T E Q E J
H W D A O S T R N D
C R F M L G I J N O
M N N V Y G Y S X E
```

Word List

AUNT   HUSBAND
BROTHER   MOTHER
CHILDREN   NEPHEW
COUSIN   NIECE
FATHER   SISTER

FARMING
WORD SEARCH

N Y H P K M D R D D
C E Z O E S B M A L
O K K S R S T A O G
R N O C K S L Y W R
N O K C I I E L T J
G D U W O H G S Q L
R D N S D K C O W B
Q F A T P O A P S V
O G H O L P W L P Z

Word List

CHICKEN   GOATS
CORN   GOOSE
COW   HORSES
DUCK   LAMBS
DONKEY   SOIL

FISH
WORD SEARCH

```
H P V C N K R A H S
S A H X A O R G X G
I N R S G T M R O M
F F I E I O F L Z J
E I J H D F D I A J
N S G A P F K P S S
O H R X I L I C L H
B O J S T G O S O M
D W H G M W Y D H R
```

Word List

BONEFISH   PANFISH
CATFISH   REDFISH
DOLPHIN   ROCKFISH
DORADO   SALMON
GOLDFISH   SHARK

```
D J E A L O U S J R
S U O I X N A G P B
Y R L M D Y N D K P
L Q Z O R I E H X D
E R O G R R A L Y Z
N G N A O P H U R T
O A C B P E C I N W
L Z M Y L X J Z N Z
A Q E T D O P D L P
```

Word List

ANGRY   HAPPY

ANXIOUS   HURT

BORED   JEALOUS

CARING   LONELY

GOOD   NICE

22

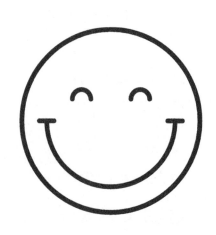

FLOWERS
WORD SEARCH

```
S C L E M A T I S F
U A E Y P P O P L F
C S C N V R V M N S
O T R A I J Z T D F
R E Y R L M U Y T S
C R O L M L S P M P
M S N T I I A A R O
E V G P A L G N J E
N D Z D M Z Q T R P
```

Word List

ASTER   JASMINE
CALLA   LILY
CLEMATIS   POPPY
CROCUS   ROSE
DAISY   TULIP

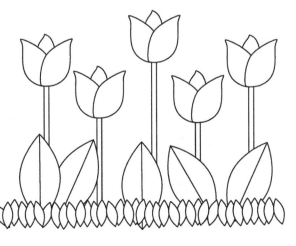

23

FRUITS
WORD SEARCH

```
N A L K E G N A R O
C N J O K E Y Z C R
O A S Q D A H H N X
C N M E P A E C E T
O A Y A P R C L Y L
N B P M R A P O D L
U V J I A P R M V J
T L E R A N Y G N A
Q S B M A N G O W P
```

Word List

APPLE   GRAPES

AVOCADO   LYCHEE

BANANA   MANGO

CHERRIES   ORANGE

COCONUT   PAPAYA

FOODS

WORD SEARCH

```
Z P A S T A T A Z Q V F
N M B W P B J S N L
D O P S A I A Z R S
A W O B P N H R N J
L Z E D D S S C E P
A K Z W L T I C L W
S J I I E E I R N F
J C B A P R S M C P
H W K Y P J N Q Z W
```

Word List

CHIPS   PASTA

CRISPS   RICE

KEBAB   SANDWICH

NOODLES   SALAD

PIZZA   STEAK

25

FRIENDS
WORD SEARCH

```
T A S A R A H A S V
A M A O W W M Q D W
Y M C Y P I T Y F Q
L E I R T H D N J V
O A N Y O D I J P P
R S O Y U S O A Q O
T I M B L E S W G P
J L T N Y P Q B P K
K P O G H T W U P U
```

Word List

AMITY   LISA
BUDDY   ROSS
EMMA   SOPHIA
JOEY   SARAH
MONICA   TAYLOR

FIREFIGHTER
WORD SEARCH

C D B P M U P M Q D
R R N U X T B V D S
A E R L R R J L F J
C G P V I N A I M J
K N H G Z D R A B G
L A A O D E S G E E
E D Y E S K B L R P
E X R N V E O B Y W
Z R G M Z P L T P O

Word List

BRIGADE   HOSE
BURN   LADDER
CRACKLE   MASK
DANGER   POLE
FIRE   PUMP

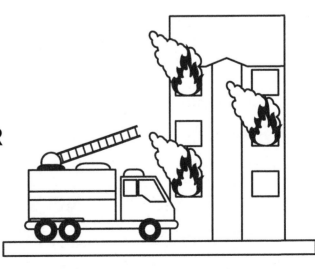

27

GASES
WORD SEARCH

```
N E G O R D Y H J N
I O R G G R A N L E
T E T N J R E O Z O
R N Y P G G N R H N
O A R O Y A F E T W
G H N X H R L N E O
E T O T E I K B L P
N E E O U D Z L P Q
G M N M Z R X M G J
```

Word List

ARGON
FREON
HELIUM
HYDROGEN
KRYPTON

METHANE
METHANOL
NITROGEN
NEON
OXYGEN

GARDEN
WORD SEARCH

```
S E L B A T E G E V
F X T P P P S S I M T
L J L E N H L O S D
O Q A A O O O T S B
W S E V C R E E R Y
E B E C H E E A M J
R L O S B D K N Y Q
S R U B S E D D T M
B M Y N T Q V J W T
```

Word List

BEANS   PEAS
BEETS   RAKE
BROCCOLI   SEEDS
FLOWERS   SHOVEL
MUSHROOM   VEGETABLES

29

'G' LETTER
WORD SEARCH

G K N G Z L T C G B
L W E H R M B U R N
U F O P E A N U I R
E Z S T X H S C L A
G A R B A G E S L T
N O B B I G L X X I
E Y N P I K O R Q U
G L O V E S D L I G
K B R R V I O G F G

Word List

GARBAGE   GUITAR

GRASS   GLOVES

GRILL   GOLF

GIBBON   GLUE

GIRL   GUN

HALLOWEEN
WORD SEARCH

```
K E V U S L D S Z S
E A I K H R L R E K
B N U B A E Y E S E
H L I C M K U T E L
L Q U K H O N S H E
H L X T P X Z N C T
A Y M M U M V O T O
B A T D T Z U M I N
E R I P M A V P W N
```

Word List

BAT   SKELETON

DRACULA   SKULL

MUMMY   VAMPIRE

PUMPKIN   WITCHES

MONSTERS   ZOMBIE

31

HAPPY NEW YEAR
WORD SEARCH

```
H Z R N D B M B S M
W O J K U U R A T I
S P L F S K X L N D
Z F F I A K W L E N
D E C E D N X O V I
T M E C N A D O E G
Y T R A P H Y N L H
S I N G I N G S H T
F I R E W O R K S V
```

Word List

BALLOONS   HOLIDAY

BUFFET   MIDNIGHT

DANCE   MUSIC

EVENTS   PARTY

FIREWORKS   SINGING

HAWAII
WORD SEARCH

```
U C R E S O R T S I
T A A B E A C H H U
O A U N E Y I T A A
U T O L O S R B W M
R O Y U L E B Q A L
I J C A E Y I K I N
S W N S W L F N I Y
T D P I Q H C L G H
S G N I K A Y A K G
```

Word List

BEACH
CANOEING
HAWAII
ISLANDS
KAYAKING

LUAU
MAUI
RESORTS
TOURISTS
TREES

33

HUMAN BODY
WORD SEARCH

```
D T K T M F G S H O
S M R A S G N R E C
V S E F C E S A A W
V J Y M O E H E D R
O C T R Y O S C D H
J L A E G R T G A N
F I N G E R S N E F
S E E N K J D Q H L
V C X M V S E H A Q
```

Word List

ARMS   FOOT
CHEST   HEAD
EARS   HANDS
EYES   KNEES
FINGERS   LEGS

HOSPITAL
WORD SEARCH

L L I P S Z P G T I
M F U L S A L Z F E
S E J R T A W I G N
M E D I C A L A U U
P W E I L I D I M R
V N A K C N A H N S
T E E N A I L M M E
I R N B Y J N W O J
P L A S T E R E H C

Word List

BANDAGE   PATIENT
COMA   PILL
MEDICAL   PLASTER
MEDICINE   SALINE
NURSE   WALKER

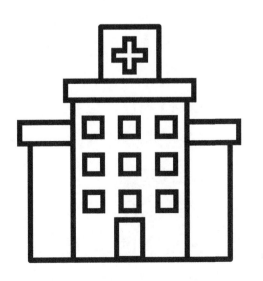

HOME
WORD SEARCH

Z P Y K D W B K E G

B V T O Y O E I R F

H A O J S D D T U K

X R T O U N R C T F

J V F H Z I O H I R

M A E U R W O E N M

E C N E F O M N R H

G A R A G E O D U U

R I A T S R P M F V

Word List

BATHROOM	GARAGE
BEDROOM	KITCHEN
DOOR	SOFA
FENCE	STAIR
FURNITURE	WINDOW

HAIR
WORD SEARCH

```
W  G  T  I  S  I  M  H  S  V
W  U  I  H  H  B  W  T  L  W
C  S  O  W  B  X  M  A  R  S
U  R  A  C  G  O  P  O  U  H
T  K  P  L  N  S  P  R  C  A
T  D  H  L  O  P  S  Z  U  M
L  O  N  G  J  N  Z  D  K  P
J  D  N  O  L  B  N  D  T  O
W  E  L  Y  T  S  S  W  L  O
```

Word List

BLOND

COMB

CURLS

CUT

LONG

SALON

SHAMPOO

SHORT

STYLE

WIG

37

ICE CREAM FLAVORS
WORD SEARCH

```
F P O I W A L N U T
U E G A Y V Y S C W
D A N U R U N T A W
G C A F R Y A U E L
E H M A L L I N A V
N Y R R E B E U L B
B L A C K B E R R Y
P E C A N A H C O M
S E S E E R F H Y Y
```

Word List

BLACKBERRY   PEACH

BLUEBERRY   PECAN

FUDGE   REESES

MANGO   VANILLA

MOCHA   WALNUT

INSECTS
WORD SEARCH

```
C D G F B E E T L E
V R B U H W F F H O
R A I L B L A T G T
G G P C I Y O S U I
Q O Z E K M D H P U
A N S Y A E F A C Q
V F B U R G T H L S
L L C I G T I C K O
T Y C Z Y D O F R M
```

Word List

BEETLE

CRICKET

DRAGONFLY

FLIES

GRUB

LADYBUG

MOSQUITO

MOTH

TICK

WASP

IN THE BATHROOM
WORD SEARCH

```
P I Y N P R R G B J
L P G A A N B N I S
U X O Z I B R B R H
N S O S F A U C E T
G R A F T X H M W Y
E B H A L O M P O N
R Q Y Z O O W I H U
R E V A H S S E S V
T I S S U E S S L Y
```

Word List

BASIN
FAUCET
FLOSS
PLUNGER
RAZOR

SHAVER
SHOWER
SOAP
TISSUES
TOWEL

KITCHEN
WORD SEARCH

J X I O E B O W L I
E J G D L M Z V W F
B S T I D P A N O P
E R U S A G T R T L
S F O H L J K N C D
O P I O E L T T E K
P H O N M V U B D P
D U W O K U E E O H
G Z I R N Y W M X L

Word List

BOWL
BROOM
DISH
FORK
KETTLE

KNIFE
LADLE
MOP
PAN
SPOON

41

KNIGHT
WORD SEARCH

```
G M M V R G T I B G
P N Z T O F W L R F
R W I V M O H R A J
I S Y K R O Y F V N
N J N R A B I A E E
C H A V U G O N L C
E I O B H O V W Y N
S O H T S U O J I A
S Y W B I A X E J L
```

Word List

ARMOR   FIGHT

ARROW   JOUST

AXE   KING

BOW   LANCE

BRAVELY   PRINCESS

LIBRARY
WORD SEARCH

```
M M Z M Y S I S L I
A B S B H D A C A N
G N O E C L S A N T
A D L R T E G T R E
Z F A A R C Z A U R
I M K P O O G L O N
N D E S K G W O J E
E B O O K S D G J T
A N O I T C I F T G
```

Word List

ATLAS   FICTION
BOOKS   JOURNAL
BORROW   INTERNET
CATALOG   MAGAZINE
DESK   SHELF

LANGUAGES
WORD SEARCH

```
H I N D I A Q M H S
K S B K R T K A S W
G G I A O E Y L I I
L T B L E R E A L H
L I O R G I E Y O C
C A G M V N Y A P N
X N J C R P E I N E
N I R A D N A M D R
Q H E S E N I H C F
```

Word List

ARABIC   HINDI

CHINESE KOREAN

ENGLISH MALAY

FRENCH   MANDARIN

GREEK   POLISH

LOOK UP
WORD SEARCH

```
K U Z N O O M K D R
R A I N B O W O R E
F S P C S S L A O V
A I R P L A N E N I
Z J Y A W O N I E D
K O L E T U U R E Y
Q C C R D S S D K K
E T I L L E T A S S
G N I N T H G I L K
```

Word List

AIRPLANE   RAINBOW

CLOUDS   SATELLITE

DRONE   SKYDIVER

LIGHTNING   STARS

MOON   SUN

LADYBIRD
WORD SEARCH

```
L A R V A E S A N G
Z A N W X N P P E U
G V D T M X O H D J
W S G Y E S T I R Y
P X G H B N S D A Q
A A L G B I N S G I
L X Z U E R R A K E
T H G I R B W D E W
S G N I W I L L R P
```

Word List

ANTENNAE   GARDEN

APHIDS   LARVAE

BUG   LADYBIRD

BRIGHT   SPOTS

EGGS   WINGS

MUSICAL INSTRUMENTS
WORD SEARCH

```
O G J X D N Y T F V
L A L M I R E E L S
L M V L Y N U A U I
E K O S I G C M T I
C I N R C O R N E T
V R A M Z I M A U R
C L I F N M H X A S
C G P L Y J P R A H
T U K U L E L E B P
```

Word List

CELLO
CLARINET
CORNET
DRUM
FLUTE

HARP
MIZMAR
PIANO
UKULELE
VIOLIN

47

MOTHER'S DAY
WORD SEARCH

```
C A A S Q L Y H D R
L H E P O Z Y A A E
A Q E V S D V N M H
I W E R F G Z D P T
C M U S I C G M B O
E G E G A S S A M M
P P F J E N H D R O
S B L V H W G E H Y
D O O H R E H T O M
```

Word List

CHERISH   MOTHER

HANDMADE   MUSIC

LOVE   MOTHERHOOD

MASSAGE   SPA

MAY   SPECIAL

NATURAL
WORD SEARCH

```
R A E H P E F P S D
T F T O C V O E T N
K D L E B A R R Y A
G Z K O K C E B E L
I A Q P O S S B V S
L B N F E D T V P I
C P Q D R O U G H T
E N O T S L I A H H
M O U N T A I N U P
```

Word List

BEACH   FOREST
CAVE   HAILSTONE
DESERT   ISLAND
DROUGHT   LAKE
FLOOD   MOUNTAIN

49

NATIONALITIES
WORD SEARCH

T C O X S S N G C X

K F A W O A N G H N

L O I N I O E N I A

X S R G A R L A N C

S B L E M D E I E I

Y E T A A W I L S R

B F N Z I N I A E E

B R I T I S H T N M

K E E R G N S I X A

Word List

AMERICAN   GERMAN

BELGIAN   GREEK

BRITISH   ITALIAN

CANADIAN   KOREAN

CHINESE   SWISS

NUMBERS
WORD SEARCH

```
D B F I W S D E N B
M E F I E E E Y E A
Q Y N V V R N I T O
S B E O H E F I E W
P N I T H G I E N T
C R C O S F S G T M
F O U R I L L Y H Z
U O Z W X V J D X G
T F V Q B A G K U X
```

Word List

ONE   SIX
TWO   SEVEN
THREE   EIGHT
FOUR   NINE
FIVE   TEN

51

NEWSPAPER
WORD SEARCH

```
S P O R T S A S F S
H T V Q T O E Y A S
T C R L D I S W S E
L H O A V N G E H N
A N C O M I C S I I
E J M U K Z J J O S
H X L L Q I K S N U
A O E C N A N I F B
C U G Z Y E B G Z G
```

Word List

ARTS   FASHION
BUSINESS   FINANCE
COLUMNS   HEALTH
COMICS   MOVIES
COOKING   SPORTS

NURSING HOME

WORD SEARCH

```
K B U P H S G S J H
X N U C O N A R A A
P F N T I M M I Y Y
N U O N H D E A T R
L F I O Y T S H G A
H D I W D Y A C F R
N E D R A G G B V B
E X E R C I S E S I
R O O M M A T E M L
```

Word List

BATHTUB   GAMES

CHAIRS   GARDEN

DINING   LIBRARY

EXERCISES   LUNCH

FOOD   ROOMMATE

OMNIVORES
WORD SEARCH

```
A G B S B Z W G C S
R C E M N E P X O F
B A D G E R A P Y M
G A C B G P N R O U
C S N C L O E C T S
C W H A O Z R D E S
X A U B U O E S S O
R L A J W G N D K P
X B O S T R I C H O
```

Word List

BABOON   FOX

BADGER   IGUANA

BEAR   OPOSSUM

COYOTE   OSTRICH

CROW   RACCOON

OCEAN
WORD SEARCH

```
A R E T S B O L J D
N M A N A T E E E F
G O Y P C X L E P K
L M C R U L L E M O
E D A T Y F L Q L L
F B I F O I F A T P
I T I U C P R I D M
S S W A Q O U O N N
H W N B C S C S K B
```

Word List

ANGLEFISH   MANATEE

CORAL   OCTOPUS

COD   PUFFIN

CRAB   PELICAN

LOBSTER   SQUID

55

OFFICE
WORD SEARCH

I D Q A C D F Q R A
Y R I C F O S R E R
K V E A L Q P P T E
N N A D R I I F N P
M W E H N Y L A I O
W R H Q A I C X R R
S L E B A L B R P T
C A L E N D A R K W
P H O T O C O P Y I

Word List

BINDER   FOLDER

CLIPS   LABELS

CALENDAR   PRINTER

DIARY   PHOTOCOPY

FAX   REPORT

PARK
WORD SEARCH

```
G K Z E U T A T S T
H R B P V X H P K O
R J O E I G B I L I
M Y N U N G U C A L
W A S W N C S N W E
R O R V F D H I E T
B A L L O O N C D L
J N F E L C Y C I B
F O U N T A I N S F
```

Word List

BALLOON   GROUND
BENCH   PICNIC
BUSH   STATUE
BICYCLE   SIDEWALK
FOUNTAIN   TOILET

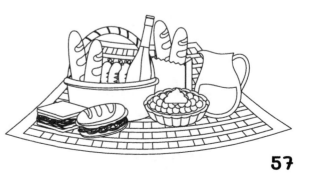

57

PLAYGROUND
WORD SEARCH

C G N I K L A W U N
B A S K E T B A L L
S U R K V P Q S J T
E L D O N N O F U I
N H I O U Z P R M P
L H I D C S T K P D
Q S C Z E X E R I N
E S E E S A W L N A
G N I N N U R K G S

Word List

BASKETBALL   ROPE
CAROUSEL   SANDPIT
JUMPING   SEESAW
NOISE   SLIDE
RUNNING   WALKING

PLACE
WORD SEARCH

```
F  L  T  T  G  E  Q  P  V  Y
A  S  E  S  R  S  J  U  O  R
C  C  K  T  X  O  D  M  P  E
T  H  R  Q  O  H  P  A  F  K
O  O  A  U  C  H  M  R  M  A
R  O  M  R  U  B  G  G  I  B
Y  L  U  C  I  N  E  M  A  A
X  H  L  A  T  I  P  S  O  H
C  M  U  S  E  U  M  A  C  J
```

Word List

AIRPORT   HOSPITAL

BAKERY   HOTEL

CHURCH   MARKET

CINEMA   MUSEUM

FACTORY   SCHOOL

59

PIZZA
WORD SEARCH

```
O E O G S L M N Y B
R Z I N A A E Q A Z
T A I D I K L C A O
N T D R C O O A O F
A T N I O N N N M Q
L O H Q X H G S V I
I C F K E T C H U P
C I O B K F E E B E
K R S T U N A E P A
```

Word List

BACON   KETCHUP
BEEF   ONIONS
CHORIZO   PEANUTS
CILANTRO   RICOTTA
CHICKEN   SALAMI

POLICE
WORD SEARCH

```
A L I A J B B I F W
N R I N A S B J F T
T O A R T N F A U U S
I R O E S E D L C H
T N E C S Y G Y D O
A L W M P T E P N E
T W E N I N A C A S
S C Q Z N R P J H U
P S E R V I C E R V
```

Word List

ARREST   HANDCUFF

BADGE   JAIL

BATON   SERVICE

CANINE   SHOES

CRIME   STATION

61

POST OFFICE

WORD SEARCH

```
R U D R A C T S O P
H E T U P K L D D S
W N T W T D L E G X
P O S T B O X L R D
A D D R E S S I X K
B N E P O L E V N E
M A I L B A G E I F
X O B L I A M R V B
P A R C E L B Y M P
```

Word List

ADDRESS

CLERK

DELIVERY

ENVELOPE

LETTER

MAILBAG

MAILBOX

POSTBOX

POSTCARD

PARCEL

62

PIRATE
WORD SEARCH

```
Y  N  C  V  R  P  G  R  U  D
X  T  W  R  I  N  N  E  X  R
F  Z  O  R  E  I  P  P  C  E
B  R  A  O  A  W  J  P  M  G
I  T  A  T  B  J  U  I  U  O
E  C  P  R  A  V  O  L  T  R
C  A  N  N  O  N  E  C  I  Y
C  K  N  A  L  P  G  E  N  S
T  R  E  A  S  U  R  E  Y  B
```

Word List

BOOTY MUTINY
CLIPPER PIRATE
CAPTAIN PLANK
CANNON ROGER
CREW TREASURE

PRINCESS
WORD SEARCH

```
W  F  N  N  E  S  S  U  D  B
T  J  M  S  E  L  S  D  N  P
A  A  U  O  N  E  T  E  O  R
A  V  A  W  N  U  U  S  M  I
A  R  O  R  U  A  H  Q  A  N
R  G  J  G  I  P  R  A  I  C
R  O  Y  A  L  T  Y  C  D  E
S  S  E  C  N  I  R  P  H  H
K  I  N  G  R  Z  A  U  U  Y
```

Word List

AURORA   MONARCHY

CASTLE   PRINCE

DIAMOND   PRINCESS

GOWN   QUEEN

64 KING   ROYALTY

PET STORE

WORD SEARCH

```
K R Y E D K C R H H
P F G V I A L U C E
T D M T N A B B N D
B E T A R V L H I G
U E R K C I H C F E
N Y R R B Z O X P H
N J G R E S U O M O
Y P E H X F J X U G
V G H A M S T E R T
```

Word List

BUNNY

CANARY

CHICK

FERRET

FINCH

GERBIL

HAMSTER

HEDGEHOG

KITTEN

MOUSE

'Q' LETTER
WORD SEARCH

```
Q Q U I L T B L Q M
Q U A L I T Y C U T
H D A Q U A C K O E
I C T R A H M Y T I
O T N B T K U I A U
R V I E C E G P Q Q
E C N I U Q R I Y E
U J U D L Q W Q U V
K Q N O I T S E U Q
```

Word List

QUICK

QUACK

QUARTER

QUOTA

QUINCE

QUENCH

QUIET

QUILT

QUESTION

QUALITY

REPTILES
WORD SEARCH

```
E L I D O C O R C T
D D P T L O U Q C W
A R E Y C I K I U E
O A A P T H A C C N
T Z S C I H O N E K
D I K O R L O H S G
E L I B S F L N G Z
V N N R U Z F I F Z
F V K A W G P R M K
```

Word List

COBRA

CROCODILE

GECKO

LIZARD

MILLIPEDE

NEWT

PYTHON

SKINK

SNAIL

TOAD

RESTAURANT
WORD SEARCH

```
R E Z C U R R Y G U
E D S C P O G P R A
T M U P M U T N U F
I O J E R E O O E E
A U L P U E Z S L H
W E E R V K S O D C
T K C A N S X S Z M
W A I T R E S S O L
X E J B P E Y K J B
```

Word List

CHEF
CRUET
CURRY
ESPRESSO
GRUEL

OMELET
SNACK
SOUP
WAITER
WAITRESS

REFRIGERATOR
WORD SEARCH

```
S  E  S  C  J  S  B  L  E  R
M  T  O  K  E  U  E  Q  B  E
P  L  E  B  N  T  I  G  U  T
D  J  U  N  T  I  Y  C  C  A
I  C  E  U  G  G  R  O  E  W
K  A  C  F  V  A  H  D  C  S
K  E  V  T  G  N  M  L  I  E
S  R  E  W  A  R  D  J  A  M
B  L  U  B  T  H  G  I  L  Y
```

Word List

COLD   JUICES

DRAWERS   LETTUCE

DRINKS   LIGHTBULB

ICE CUBE   MAGNETS

JAM   WATER

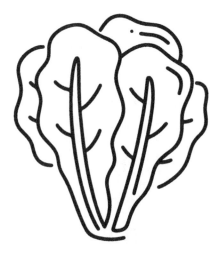

69

RIVERS
WORD SEARCH

```
S R I R O A Q L C H
J E U N N Y Z O T H
Z M I A D M Z I O N
A Y R N U U G R C B
W A A R E E S E O G
P N R H I N E Z N G
G A N G E S E L I N
Y U D X S G A Q R C
M M R L C B X Z O H
```

Word List

AMUR

GANGES

INDUS

LOIRE

MURRAY

NILE

ORINOCO

PARANA

RHINE

SEINE

'R' LETTER
WORD SEARCH

U R I L R R W D K I
R O C K B Q A T N J
C I F M E E S R A J
Z V R O R E I V R U
O B O O R S F N M Q
G P A R E T O B O R
V N M Q A X Q P R Y
S Q I B P F C C T C
K G C R I A T Y R V

Word List

ROOM   RISE
READ   ROBOT
ROCK   RING
RAFT   RANK
ROAM   REST

SEWING
WORD SEARCH

```
K P R B S P E J C F
A A O U K K A L B G
B T S T P D O T P L
V T S T G T R O C F
E E I O H W O I H H
C R C N C I R B A F
A N S S N O B B I R
L M E N D I N G L P
J M M F B V E W Q T
```

Word List

BUTTONS   MENDING
CLOTH   PATCH
FABRIC   PATTERN
HOOKS   RIBBON
LACE   SCISSOR

SOCCER
WORD SEARCH

```
J G F O S E S G K D
T A B O R O N J L R
U M U O R I C U F A
S E C B R W S K M C
N S D E I N A A S D
Q P E S H O T R A E
K H C O A C H H D R
C A A Q H H E G F J
N O I T I S O P G A
```

Word List

CHEERING   POSITION

COACH   RED CARD

FORWARD   SCORE

GAME   SHOT

MATCH   SOCKS

G H A N D B A L L P

N N O E H P S L T O

I J I C E Z L L H L

T O Y X K J O A S O

A V N I O E A B K W

K B A F X B Y T I L

S C L U D K I O I G

S O Y B G U R O N D

G N I L W O B F G S

Word List

BOWLING	HOCKEY
BOXING	POLO
FOOTBALL	RUGBY
GOLF	SKATING
HANDBALL	SKIING

SPRING
WORD SEARCH

```
W E A N W V I T L G
A U A E O R Y I L R
R W T S I S R B H O
M I S S T P A T K W
E G E O A E D E X T
R S O P Q L R K S H
L A W E N E R V A Y
N S N O W M E L T U
D A F F O D I L S L
```

Word List

APRIL
DAFFODILS
EASTER
GROWTH
IRISES

RENEWAL
SEASON
SNOWMELT
WARMER
WET

SUMMER
WORD SEARCH

```
H  S  G  S  C  U  Z  O  P  G
O  L  N  W  W  I  Q  O  N  K
L  A  I  E  W  H  N  I  S  E
I  D  T  A  P  H  P  C  F  I
D  N  A  T  O  M  M  K  I  Z
A  A  O  T  A  P  U  C  U  P
Y  S  B  C  H  I  K  I  N  G
S  O  T  I  U  Q  S  O  M  X
S  U  N  S  C  R  E  E  N  N
```

Word List

BOATING   MOSQUITO

CAMPING   PICNIC

HIKING   SANDALS

HOLIDAY   SUNSCREEN

76   HOT   SWEAT

SPICES & HERBS

WORD SEARCH

```
K B M E J L C A E C
F G A U G U C S J L
Y C I Y M A I M I O
N C T I L N S J B V
F G N M A E K Q T E
L B A S I L A L N H
G L Y R R U C F I O
A K I R P A P L M K
U B Y D J H M C F X
```

Word List

ANISE
BASIL
BAYLEAF
CLOVE
CUMIN

CURRY
DILL
MINT
PAPRIKA
SAGE

SOLAR SYSTEM
WORD SEARCH

```
E N U T P E N T M T
R J L T O V E C E E
I E U T I M F F R N
V D U P O B A E C A
M L M C I Y R L U L
P M T X F T M O R P
E A R T H A E W Y P
S A T U R N K R M W
D H K S L R Y H A C
```

Word List

COMET   NEPTUNE
EARTH   ORBIT
JUPITER   PLANET
MERCURY   PLUTO
MARS   SATURN

SHAPES
WORD SEARCH

```
U N C C Z T O K X M
N O O D I V R C V R
O G N X A R R A Q I
N A E L N E C U E E
A X P R S V B L M H
G E I C D B I H E M
O H E N O G A C E D
N N H E P T A G O N
T N O G A T C O T F
```

Word List

CIRCLE   HEXAGON

CONE   HEPTAGON

CRESCENT   NONAGON

DECAGON   OVAL

HEART   OCTAGON

SCHOOL
WORD SEARCH

```
F X J H K S L E E N
U D T G R T A N C O
H A S N O U N G N T
M D G I W D R L E E
U Y A D E E U I I B
M I I A M N O S C O
E Y P E O T J H S O
V R T R H T W S L K
D I C T I O N A R Y
```

Word List

HOMEWORK   MATH

DICTIONARY   NOTEBOOK

ENGLISH   READING

GYM   STUDENT

JOURNAL   SCIENCE

SPACE
WORD SEARCH

```
R L H N Y S Z Y S E
Y O X T T Y T X A S
K S C A R I O A T R
U L R K V A F L E E
Y J O A E D E A L V
J V R M N T L G L I
K G M E T E O R I N
E P O C S E L E T U
C Q I N E I L A E C
```

Word List

ALIEN   ROCKET
EARTH   SATELLITE
GALAXY   STAR
GRAVITY   TELESCOPE
METEOR   UNIVERSE

SMARTPHONE
WORD SEARCH

```
Y G P S A A M R M Y
O R Q B R H E E E C
J N E E K K Z G G A
K I M T A S Z R A V
L A P E T F R A P I
C R P H X A D H I R
X S Z O O U B C X P
D I O R D N A R E W
U K R O W T E N L L
```

Word List

ANDROID   IPHONE

BATTERY   MEGAPIXEL

CHARGER   NETWORK

CAMERA   PRIVACY

GPS   SPEAKER

SUPERMARKET
WORD SEARCH

```
B A R C O D E T F S
E C I R P Y V N R C
Q H L S C R R U E I
B D A A O E O O E T
G U U C U K I C Z E
Y Z Y A P A I S E M
D N V R O B J I R S
G O E T N Z L D J O
R E I H S A C Q F C
```

Word List

BAKERY
BARCODE
BUY
CART
CASHIER

COSMETICS
COUPONS
DISCOUNT
FREEZER
PRICE

83

TIME
WORD SEARCH

```
I E B I H Q F N Y R
M U T O I I X E L E
H T C A N Y Y T K C
M A Z A L L F F E E
R D L R E H T O E N
J L A R A D C F W T
Y E A I R M P F U L
Y R T Y L R U O H Y
N S Y A Y Y L F Z D
```

Word List

DAILY   OFTEN

EARLY   RARELY

FINALLY   RECENTLY

HOURLY   WEEKLY

LATE   YEARLY

84

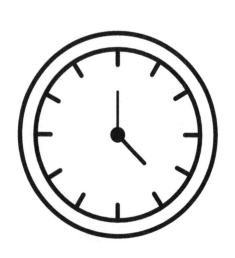

TREES
WORD SEARCH

T O L N A H E E C K
H O M Z J C Y E Q L
I I C J T E Z L N H
C C I I K E P P K W
K S E C R B P A L M
O L U D Y P P M C M
R B K C A T A L P A
Y A F N C R T W Y I
O H R S A H C R A L

Word List

APRICOT   HICKORY

BEECH   LARCH

BUCKEYE   MAPLE

CATALPA   OAK

CEDAR   PALM

TRANSPORTATION
WORD SEARCH

```
S  U  B  M  A  R  I  N  E  H
E  C  X  T  N  O  G  A  W  F
T  L  D  T  R  R  P  L  N  E
R  U  E  V  Y  A  C  H  T  R
U  B  A  V  B  L  I  M  P  R
C  N  F  L  A  S  H  N  V  Y
K  A  E  M  M  T  P  B  N  S
H  C  U  F  Q  E  O  J  M  D
W  A  H  S  K  C  I  R  L  K
```

Word List

BLIMP   TRAIN

ELEVATOR   TRUCK

FERRY   VAN

RICKSHAW   WAGON

SUBMARINE   YACHT

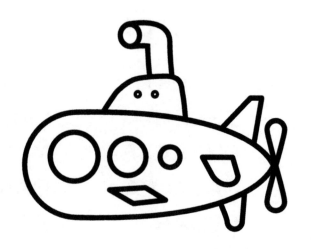

TOOLS
WORD SEARCH

```
C P C R G G C W R X
F O M O E A G E B R
P R X A L I M P T A
S W M I L M L X P B
A T P Z A C D P O W
R E C H L A T H E O
R L E S I H C Y X R
X O B R E T I M R C
W R E N C H W Q U Z
```

Word List

CALIPER

CHISEL

CLAMP

CROWBAR

HAMMER

LATHE

MITER BOX

PLIER

RASP

WRENCH

87

THE CIRCUS
WORD SEARCH

```
Q E C X L F I T C S
P L S A I Y E V L R
O C X R G N E X O E
P Y E Y D E C Y W L
C C M V N O V V N G
O I V S P O O H Q G
R N Z R Q X U C V U
N U P E A N U T S J
N Y N S T L I T S U
```

Word List

CAGE NET
CLOWN PEANUTS
FIRE POPCORN
HOOPS STILTS
JUGGLERS UNICYCLE

TYPE OF CAT
WORD SEARCH

```
N C K M W L L C N S
B A A M A Q I Y A I
X N E G W W A M I B
X U N G R T T R S E
D E I A E B B I R R
B G Y A F A O C E I
B O M B A Y B H P A
Z Q R T A C I C O N
S I A M E S E Z M A
```

Word List

AEGEAN

BOBTAIL

BENGAL

BOMBAY

CYMRIC

MANX

OCICAT

PERSIAN

SIAMESE

SIBERIAN

```
B I C E Q G N U M G
Y A U S Z M Q I B O
K L S E A U G Q V B
B Q B K E S R U N L
T R O J I B U L L I
A I L E G N A N A N
G Q G P U W G F R F
T H R E S H E R X F
S C Y I R Q X V V V
```

Word List

BLUE

BULL

BASKING

GOBLIN

MAKO

NURSE

THRESHER

TIGER

ZEBRA

ANGEL

TYPE OF SNAKE
WORD SEARCH

```
B E O P C D C Q K B
P I R O T A A U S D
Y Y B F U D S E S I
N R T A F L C E A L
A R D H D A A N R L
Z U O F O D V K G P
M Y W C U N E F W Y
M I L K V A L R L P
V H O G N O C R Q U
```

Word List

ADDER

CASCAVEL

COBRA

CONGO

CORN

GRASS

MUD

MILK

PYTHON

QUEEN

TRAFFIC
WORD SEARCH

F Z T A R P C E U S
Y R E E D O U S I C
E H C D M D A G T Y
L E U F R L N D F C
M P J I Y S E G E L
T X V R A I I H L I
A E R M O T O R G N
Z O T E E R T S J G
L I N R H T Z H A N

Word List

CYCLING   LORRY
DRIVE   MOTOR
FUEL   ROAD
HELMET   SIGNS
LEFT   STREET

TRAIN
WORD SEARCH

```
X L O O K C A R T C
T G V T K V A A U R
X X L E S E I D T O
C O N D U C T O R S
R M Y H U H K P A S
A M L T C E K X I I
I S M A E T S C N N
L D O E N G I N E G
S C S I G N A L O K
```

Word List

COACH
CONDUCTOR
CROSSING
DIESEL
ENGINE

RAILS
STEAM
SIGNAL
TRAIN
TRACK

93

```
O Z M S I L A E R R
S A R V B C M T O E
W B I J T U R F H T
Y D D O T H H X G C
D G R S S E R T C A
R R O T C E R I D R
A C O M E D Y P M A
M E C N A M O R I H
A L I G H T I N G C
```

Word List

ACTOR   DRAMA
ACTRESS   DIRECTOR
CHARACTER   LIGHTING
COSTUME   ROMANCE
COMEDY   REALISM

'U' LETTER
WORD SEARCH

U U R J J U T U H E K
M L P P G P F A F U
P F O P S Y L G U T
I N C T E L O G R E
R B A C E R W G L N
E I N R O C I N U S
R K B U N D E R C I
A M A P G M N F W L
U A Q L C U C U T S

Word List

UTENSILS UPPER
UPSTAIR UMPIRE
UNICORN UPON
UMBRELLA UGLY
UNDER UNDO

95

USA STATES
WORD SEARCH

I S M A X I A T A D
N E A V D L D I M K
D N Y S A I G A V H
I I A B N R R N H Y
A A A Y O A Q O F O
N M Q E M J K R L X
A K G A K S A L A F
H A W A I I H U F A
S I O N I L L I S F

Word List

ALABAMA   IDAHO
ALASKA   ILLINOIS
FLORIDA   INDIANA
GEORGIA   KANSAS
HAWAII   MAINE

VOLLEYBALL
WORD SEARCH

```
E O S A Y Z T A T P P
C F T P E I X L L P L
N F N P S O U A Q A
E E I R S A S L A Y
F N O O F S R T G E
E C P A H I T T E R
D E N C P A E N W S
Z U G H C E V I V G
G N I K C O L B C U
```

Word List

APPROACH   HITTER
ATTACK   OFFENCE
BLOCKING   PASS
DEFENCE   PLAYERS
FAULT   POINTS

VEGETABLES
WORD SEARCH

```
E V C S C R P I P C
Y C A E A E L V I U
E E U D L O Q B N C
P A I T C E A X S U
W S K C T T R X R M
H L O P V E D Y A B
N R L E N E L W P E
B L C A B B A G E R
T N A L P G G E U I
```

Word List

BEET   EGGPLANT

BROCCOLI   LETTUCE

CABBAGE   PARSNIP

CELERY   PEAS

CUCUMBER RADISH

VALENTINE'S DAY
WORD SEARCH

```
A C D E E Q Q T B G
P B T E P L N C O N
M A D E A R O L Y I
D I P U C U E E F L
M X F Y P R R A R R
Z B E L O V E D I A
L G E D L J O B E D
Y R A U R B E F N R
F O R E V E R Q D G
```

Word List

ADORE   DARLING

BELOVED   DATE

BOYFRIEND   DEAR

COUPLE   FEBRUARY

CUPID   FOREVER

WINTER
WORD SEARCH

T W C P K I C S Y N
K S O H B G O T D G
C H O N I W A O N R
P N R R S L T O I F
K Q E Y F U L B W X
V Y B L I Z Z A R D
E C A L P E R I F Q
M I T T E N S W C C
M R O T S W O N S K

Word List

BOOTS
BLIZZARD
CHILL
COAT
FIREPLACE

FROST
MITTENS
SNOWSTORM
SNOW
WINDY

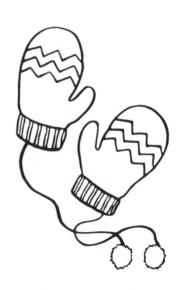

WEATHER
WORD SEARCH

```
G S S P I U T T S C
O U O T A K O S E I
F N U L O R H L T M
K N B D N R S C Y A
Z Y I A O I M Y P N
Q R D K U O I U H U
P O Y S U Z L N O S
E N O L C Y C F O T
H U M I D I T Y N I
```

Word List

CELSIUS   STORM

CYCLONE   SUNNY

FLOOD   TORNADO

FOG   TSUNAMI

HUMIDITY   TYPHOON

WILD ANIMALS
WORD SEARCH

```
E E I P K H W N J V
M P Y Z Y E O R S D
C W O E Q S Y E H R
Z A N L I H V V A A
P A M B E B O A R P
P C I E J T C E E O
Y Z O Z L J N B F E
R A U G A J T A S L
W I L D E B E E S T
```

Word List

ANTELOPE   HARE

BEAVER   HYENA

BISON   JAGUAR

BOAR   LEOPARD

CAMEL   WILDEBEEST

```
D H N R S S E K Y J
N S E O R T E S G S
N A A O O I R R C C
D W E F O E N R I V
A X E L D I U S N T
J M U N C B D P E C
M U E H U B C A P S
L F E G N O P S I Y
X Y Q B Y I D Z J A
```

Word List

CLEAN   ROOF
DOORS   SCRUB
FENDERS   SPONGE
HUBCAPS   TIRES
RINSE   WASH

103

'Y' LETTER
WORD SEARCH

T L Y A Y O Y O Y O M S

P R G A D L E I Y Y

S O U Z W A Z U T P

Y H T G X N M W Y L

Y Z P T O M F Q P L

D D Y Y Y Y W W Y E

I N K A I P H A Y Y

L V M K J J R F C H

H T U O Y N T E Q H

Word List

YUMMY YOYO
YOUTH YAWN
YOGURT YAK
YELL YARN
YOGA YIELD

ZODIAC SIGNS
WORD SEARCH

```
A T S P T A U R U S S
O Q T K R R O I V W
I P U B V I D X X C
P N I A S E T S A O
R L I S R S V N N E
O Z R M C I C G D L
C W M B E E U J L T
S D L M R G S S E M
S R O T A E R C R O
```

Word List

AQUARIUS

ARIES

CANCER

CREATORS

GEMINI

LEO

LIBRA

PISCES

SCORPIO

TAURUS

Printed in Great Britain
by Amazon

82940156R00061